Gudrun Krec
Wenn deine Seele ein Date mit meiner Seele hat …

Gudrun Krec

Wenn deine Seele ein Date mit meiner Seele hat ...

Rediroma-Verlag

Bibliografische Information der Deutschen Nationalbibliothek:
Die Deutsche Nationalbibliothek verzeichnet diese Publikation in der Deutschen Nationalbibliografie; detaillierte bibliografische Daten sind im Internet über http://portal.dnb.de abrufbar.

ISBN 978-3-98527-188-7

www.rediroma-verlag.de
6,95 Euro (D)

Inhalt

Wenn deine Seele ein Date mit meiner Seele hat

Wenn deine Seele ein Date mit meiner hat,

dann zieh ich mein schönstes Kleid aus silbrigem Licht an.

Wir breiten unsere Flügel aus und fliegen zu den Sternen,

sonnen uns in ihrem Glanz und lernen, wie Liebe geht.

Dein Glück ist mein Manna.

Mein Glück ist deine Droge.

Es fixt dich an und macht dich stark,

füllt einst schwarze Löcher mit reinem Glück.

Du und ich

Wenn wir uns wiedersehen und sich Himmel und Erde berühren,

will ich dich ganz tief in mir spüren.

Wenn sich Tag und Nacht umarmen,

will ich schwach werden in deinen Armen.

Deck mich zu mit warmen Worten,

fliege mit mir zu geheimen Orten.

Flüstere mir kleine und grosse Geheimnisse ins Ohr.

Leidenschaft und Verschmelzung - ich habe keine Angst mehr davor.

Endlich lebe ich.

Sag - liebst du mich so wie ich dich?

Der Preis

Immer wieder einander vermissen,
sich von „Entzug“ zu „Entzug“ schleppen,
die Lust in die eigene Hand nehmen,
das ist der Preis.
Glücklichsein in Etappen - mal weniger - mal viel mehr -
mal so wie nie -
schenke mir ein „Wir“ - dann geh ich überall hin wo du
willst mit dir.

Liebe und Hass

die Liebe zum Hass:
„Sag mir - warum muss ich immer wieder leiden - du aber nie?

der Hass zur Liebe:

„Weil ich niemanden liebe - nicht einmal mich.“

die Liebe:

„Dann bleib ich lieber wie ich bin - denn nur ich mache Sinn.“

Fliegendes Herz

Wenn mich Deine Liebe streichelt,
jedes Deiner Worte meinem Ego schmeichelt,

dann fliegt mein Herz zu Dir.
So schnell – vielleicht zu schnell – was machst Du mit mir?

Kann nicht aufhören, mich nach Dir zu sehnen,
hasse es, wenn sich die Stunden ohne Dich zu Tagen dehnen.

Wenn meine Seele dann vom Sichsehnen ausser Atem ist,
dann wird es Zeit, dass du bald wieder bei mir bist.

Kontrollverlust

Immer wieder die Kontrolle verlieren,
wenn sich Liebe und Geilheit berühren.
Immer wieder neue Brücken zwischen uns bauen und wieder zerstören,
zu oft auf meinen Verstand anstatt auf mein Herz hören.
Immer wieder Fragen stellen, auf die es keine Antworten gibt -
So ist es wohl,wenn man liebt.

Einfache Rechnung

Einfache Rechnung:
Sehr oft glücklich,
wenn du bei mir bist - sogar besonders glücklich.
Manchmal unglücklich.
Macht unterm Strich: Immer noch ziemlich glücklich!

Wie die Liebe geht

Weisst Du, wie die Liebe geht,
wie es ist, wenn jeder den anderen ohne Worte versteht ?

Wenn Dein Herz mit dem meinen im selben Chor singt,
und mich der Blick in Deine Augen zum Schmelzen bringt?

Dann darfst du mein alter Ego, der Sinn meines Lebens
sein.

Gib meiner Sehnsucht endlich ein Ziel.
Ankommen ist alles, was ich will.

Phantasie und Wirklichkeit

Wenn die Phantasie mit der Wirklichkeit kollidiert
und von sofort auf gleich mein größter Wunsch explodiert,

meine rosa Brille hässliche Kratzer kriegt,
dann hat leider wieder mal die Realität gesiegt.

Dir ist zu viel, was ich dir geben kann,
mir reicht es nicht, was du mir gibst – dann und wann.

So fange ich wieder von vorne an und erzähle dem Apfel-
baum
neue Geschichten und von meinem Lieblingstraum.

Wenn die Zeit keine Eile hat

Wenn die Zeit keine Eile hat zu vergehn,wir uns stunden-
lang in die Augen sehn,
der Eine im Anderen versunken -
so viel Glück fühlt sich an wie Champagner und macht
genauso schnell
betrunken.
Du bettest mich auf weiches Moos, ich schaue in die Sterne,
mein Herz wird weit – es geht los.
Wir sind verliebt. Kann nicht glauben, dass es sowas noch
einmal für mich gibt.

Mein Lächeln

Mein Lächeln
ist echt und nicht geliehen.
Mein Lächeln
spiegelt das Deine – ich bin glücklich wie keine.
Mein Lächeln
ist ein Geschenk von dir – gehört es jetzt wirklich mir?
Mein Lächeln
zeigt Freude und Glück – vom Kuchen das größte Stück.
Mein Lächeln
macht Sinn – ich finde Dich und mich darin.
Mein Lächeln
knippst ein Licht in meinem Innersten an. Kommst Du
wieder – irgendwann?

Rosarote Glücksgefühle

Wenn uns die Liebe in andere Welten katapultiert,
sind rosarote Glücksgefühle gratis und garantiert.
Wenn wir lieben, verlassen wir irdische Sphären, fliegen
Hand in Hand,
höher und weiter - das Ziel ist nicht bekannt.
Du und ich wissen es genau:
Ohne Liebe ist alles nur öde und grau.
Sie ist die Essenz allen Seins.
Gib mir dein Herz - und ich gebe dir meins

Alltag

Unser aller Alltag – gierig verschlingt er unsere Zeit, unsere Nerven und unsere Kraft,
bereitwillig ordnen wir uns unter, verabschieden uns von Lust und Leidenschaft.

Wir vermissen von allem immer mehr, vor allem den Sinn.
Mutig beschliessen wir – dort gehen wir nicht mehr hin,
machen unser eigenes Ding.

Stumpfe Routine, tödliche Langeweile, fehlender Sinn
dürfen nicht der Sinn unseres Lebens sein.
Ich fühle es deutlich: in derWundertüte Leben steckt noch viel mehr für uns alle drin.

Wichtig für mich

Es ist wichtig für mich,
zu wissen, du lässt mich nie im Stich.

Auch wenn mich an gewissen Tagen
Pessimismus, Zweifel und Vorbehalte plagen.

Du gibst mir unverdrossen und unermüdlich tröstlichen Halt.
Mein Herz füllt sich mit Wärme, Licht und Liebe und ist nicht mehr länger so einsam und kalt.

Ich hab sie gefunden - die Essenz jeglichen Seins.
Es ist die Liebe – sie füllt jetzt mein Herz und hoffentlich auch deins.

Der kleine Tod

Ich liege allein in meinem viel zu grossen Bett, führe im Geiste deine Hand
über mein body wonderland.
Und während ich mir selber den kleinen Tod schenke und dabei immer nur an dich denke,
nehme ich mir ganz fest vor, den nächsten kleinen Tod sterben wir gemeinsam,
denn Liebe allein zu sich selber macht nicht glücklich, sondern einsam.

Antennen auf Empfang

Ich stehe hier – alle Antennen auf Empfang,
die Zeit des Wahnsinns ist so kurz, die der Langeweile so lang.

Deshalb richte ich mich mit allen Fasern meines Seins
auf mein gierig alle Liebe verschlingendes Herz und auf deins.

Gebe dem Wahnsinn immer wieder eine neue Chance,
pfeiffe auf jede Etikette und lähmende Contenance.

Doch – wir dürfen das!
Sollen wir schon tot sein, wenn wir noch leben – oder was?

Schade für so viel ungelebtes Leben,
ich würde ihm so gerne mehr Feuer geben,

will mich lieber tausend mal daran verbrennen,
denn nur so intensiv und nicht anders muß es sich anfühlen, das echte Leben.

Die Liebe allein

Die Liebe ist so schön – immer wieder.
Pausenlos singt sie für uns ihre schönsten Lieder,

wandelt Finsternis um in strahlendes Licht,
zaubert verjüngendes Lächeln ins Gesicht.

Aus Angst wird Sicherheit,
aus Einsamkeit Geborgenheit.

Heimatlosen schenkt sie ein Zuhause,
verströmt sich mit allem was sie geben kann – ohne Pause,

verdoppelt sich für den, der sie teilen mag.
Immer wieder – Tag für Tag

Wunderbar verrückt

Wenn du mir Nachhilfe gibst im bedingungslosen Lieben,
mich mit schönen Worten streichelst auf Wolke sieben,

wenn du mir Himbeereis zum Frühstück servierst,
dich Hals über Kopf in meiner Welt verlierst,

wenn du mir nur gute Nachrichten aus der Zeitung vorliest,
mit mir dem Gras beim Wachsen, den Schmetterlingen
beim Flattern zusiehst,

wenn du mir ein Wort schöner als das andere schenkst,
und mir damit zeigst, wie oft am Tag du nur an mich
denkst,

wenn du dich in mir zuhause fühlst,
mit deinem Sein mich und mein Innerstes aufwühlst,

dann ist das reinstes Glück und gehört nur dir und mir.
Ich bleibe jetzt ein Weilchen oder länger - vielleicht auch
für immer - nur bei dir.

Hinterm Haus

Komm heute nacht und lass uns treffen hinterm Haus,
ich komme barfuss und in deinem Lieblingskleid - du
ziehst es mir mit hungrigen Blicken aus.

Läßt dich zu wohliger Lust inspirieren
und bereitwillig von mir verführen.

Contenance weicht der Leidenschaft.

Tauchen ein in ein Meer aus blühender Phantasie,
erleben im Sternenglanz reine Magie.

Aus Phantasie wird Obsession -
ich wusste es lange vorher schon.

Als im Morgengrauen langsam Sterne und Magie verblas-
sen,
haben wir unseren Abdruck im Gras hinterlassen.

Wir tauschen Obsession mit Contenance -
aber vielleicht morgen nacht schon fallen wir wieder in
Liebes-Trance.

Auf der Suche nach dem Glück

Komm, wir machen uns auf die Suche nach dem Glück.
Lassen alles, was uns Sorgen und traurig macht, einfach zurück.

Wir nehmen Schokolade mit und den Hund.
Reisen mit leichtem Gepäck, sind voller Übermut - na und!

Was kostet die Welt? Egal - wir bezahlen nicht mit Geld.
Bleiben einfach stehen und verweilen, wo es uns gefällt.

Stellen Fragen, auf welche es keine Antworten gibt.
Sag - wie ist es, wenn man liebt?

Woher weht der Wind, wenn er weht?
Wohin geht die Sonne wenn sie untergeht?

Wohin ziehn die Wolken, wenn sie ziehn?
Ist Glück immer nur geliehn?

Wohin geht die Zeit, wenn sie vergeht?
Gibt es jemanden, der uns versteht?

Wenn wir es dann gefunden haben - halten wir unser Glück für eine Weile fest,
bis es uns irgendwann dann heimlich wieder verlässt.

Dann machen wir uns wieder auf die Suche nach dem Glück
Kommst du mit ein kleines Stück?

Unbarmherzige Zeit

Ich schaue in den Spiegel - sehe mich darin aber nicht.
Was ich sehe, ist ein fremdes, müdes Gesicht.

Viele gelebte Jahre - das sind nicht nur graue Haare, Falten nicht nur vom Lachen.
Reparieren, operieren, renovieren, dekorieren, kaschieren - was soll ich nur machen?

Will mein strahlendes Lächeln, meine glänzenden Augen, meinen jugendlichen Leichtsinn zurück.

Manche Wunden schlägt die Zeit, die nicht alle Wunden heilt.
Der Spiegel bestätigt das mit brutaler Ehrlichkeit.

Die Zeit hastet immer schneller voran.
Irgendwann sind wir alle dran.

Verhandeln ist keine Option.

Mir wird kalt - ich mag nicht mehr in den Spiegel schauen.
Noch flüstert er: „Du wirst alt" - wann wird er wohl noch lauter? Es packt mich nacktes Grauen.

Nur eines tröstet mich: mein Geliebter teilt dasselbe Schicksal wie ich.
Dennoch liebe ich ihn und er mich.

Das versöhnt mich - ich bin wieder ich.

Leben - ich vermisse deine einstige Leichtigkeit.
Aber ich werde dich mit Sinn und Unsinn füllen - bis es heisst: „Es ist so weit“

Gefängnis

Stein für Stein haben wir für unser eigenes Gefängnis
selbst zusammen getragen.

Steine, gemacht aus Rücksicht, Versprechen, faulen Kompromissen und Verzicht.
Auf unsere innere Stimme, unsere Träume und Wünsche
hörten wir dabei nicht.

Die Erkenntnis schmerzt - immer deutlicher wird es uns
bewußt:
Wir taten es freiwillig - hätten es nicht gemusst.

Unser Gefängnis steht auf Sand,
wenn wir wollen, reissen wir es ein, Wand für Wand.

Der Blick hebt sich, es gibt keine Grenzen - die Freiheit ist
nah.
Wir erkennen: alles was wir brauchen um glücklich zu sein,
war schon immer da.

Unsere Träume sind aus Freiheit und Liebe gemacht.
Wann haben wir das letzte Mal von Herzen gelacht?

Liebe ist einfach

Wenn dein Lächeln dem meinen Starthilfe gibt,
du mir zeigst, wie es ist, wenn man bedingungslos liebt,

wenn ich dir einen Blankoscheck für blindes Vertrauen
ausstelle
und du mir sagst, wie sehr ich damit deinen Tag erhelle,

wenn meine Stimme deinem Ego schmeichelt,
und du mich am offenen Herzen streichelst,

wenn dein Lachen ansteckender als jede Grippe ist,
immer nur du das Ziel meiner rosaroten Träume bist,

wenn du mir zeigst, das du immer für mich und Tag und
Nacht an meiner Seite bist,
dann wundere ich mich, wie einfach eigentlich die Liebe
ist.

Wenn

Wenn deine Stimme meinem Ego schmeichelt

und du mich am offenen Herzen streichelst,

dann gehört die Welt mir

und ich dir.

Fangen wir klein - mit einem Tag – an.

Vielleicht wird es mehr – irgendwann.

Sinnestrance

Wenn mich deine Liebe streichelt,
jedes deiner Worte meinem Ego schmeichelt,

dann fliegt mein Herz zu dir.
So schnell, vielleicht zu schnell, was machst Du mit mir?

Kann nicht aufhören, mich nach dir zu sehnen,
hasse es, wenn sich die Stunden ohne dich zu Tagen dehnen.

Wenn meine Seele dann vor lauter Sehnen ausser Atem ist,
dann wird es Zeit, dass du bald wieder bei mir bist.

Sich vermissen

Sich vermissen,
es wird immer schlimmer.

Sich küssen,
es wird immer schöner.

Sich streicheln,
ich brauche es mehr als nur ein Weilchen.

Sich immer und immer wieder sehen,
am liebsten wäre mir, du würdest
nie mehr gehen.

Sich ganz tief in die Augen schauen,
dem lieben Gott helfen beim
Brückenbauen.

Sich lieben und gegenseitig beschenken,
kann nicht aufhören, an dich zu
denken.

Sich süsse und bittere Wahrheiten ins Ohr flüstern,
manchmal werde ich
davon richtig lüstern.

Ich will mich nicht verbiegen,
gebe aber der Liebe immer und wieder die
Chance mich zu besiegen.

Ich träume von Contenance,
aber auch von Wildheit, Geilheit und
Sinnestrance.

Führung

Führe mich,
dann spüre ich
dich mehr als mich.

Das ist es, was ich will,
denn ich liebe das Gefühl,
in deinen Armen schwach und willenlos zu sein.

Hingabe, Verschmelzung - ich bin dein.

Meine Träume

Du hast den Stoff, aus dem meine Träume sind,
ich sehne mich schon so lange danach, wie damals als Kind.

Grenzenlos war damals meine Sehnsucht und meine Ein-
samkeit.
Sie schmeckte nach Verlassenheit und Bitterkeit.

Bis plötzlich du aus den Wolken vor meine Füße gefallen
bist,
und jetzt einfach nichts mehr so wie früher ist.

Nur du weisst, wie man meinen Stern zum Leuchten bringt
und ich es genieße,
wenn du deine Lieder von Liebe und Glück für mich singst.

Ich liebe dich bis zum Mond und zurück -
lass es mir von niemanden mehr nehmen dieses zerbrechli-
che Glück.

Dunkle Wolken

Die dunklen Wolken bleiben nicht, ziehen einfach weiter,
mein Gemüt klärt sich auf, die Sonne scheint, es wird heiter.

Wo einst Dämonen Selbstzweifel säten und giftiges Misstrauen,
da gedeihen nun reine Liebe und blindes Vertrauen.

Ich bleibe stehen und schaue ihnen beim Groß- und Starkwerden zu.
Bin endlich glücklich und zufrieden. Das alles schafft nur die Liebe und du.

Mein Herz– du bist frei

Mein Herz - ich will dich nicht mehr an die Kette legen,
du bist frei, darfst tanzen mit mir bei Sonne und Regen.

Ich werde dir zuhören, wenn du mir zeigen willst, wie das Leben geht,
dich nicht mehr dem Kopf zum Duell ausliefern, dir helfen,wenn dich niemand versteht.

Vernunft, Verstand, Logik und Mathematik - du, Herz steckst viel zu oft zurück.
Mein Herz - willst du mein allerbester Freund werden?
Dann lass uns nocheinmal von vorne anfangen und endlich zusammen glücklich sein auf Erden.

Nur noch den Kopf in seine Schranken weisen,
dann werden wir schon bald zusammen in andere Galaxien reisen.

Warum nur habe ich dich so lange allein und im Stich gelassen ?
Bitte - dafür darfst du mich einfach nicht mehr hassen.

Alles wird gut -
ich weiss es - warte,
ich fasse nur noch schnell ein bisschen Mut.

Meine Schatten

Für dich will ich immer wieder über meine dunklen Schatten springen,
wenn du mir hilfst, mein Innerstes nach aussen zu bringen.

Wenn ich endlich anfange, nicht mehr nur mir allein zu vertrauen,
und aufhöre, immer nur auf Sand zu bauen,

dann ist es Zeit, dir und mir zu sagen,
ich will und werde es, zusammen mit dir, wagen.

Und endlich fühlen, wie es ist, wenn mich keiner so wie du versteht.
Werde ich dann wohl wissen, wie die Liebe geht?

Zweite Chance für die Liebe

Wenn die Glücksgefühle zu rosa sind
und wir auf beiden Augen blind,

wenn alle Kartenhäuser und Sandburgen einstürzen, Luftschlösser sich in Luft auflösen,
wenn wir unsere Liebesbriefe ohne die rosarote Brille lesen,
erkennen müssen, es war nie ernst gewesen,

wenn unsere Seele ein paar neue blaue Flecke verschmerzen muss,
sollen wir dann immer noch träumen vom nächsten Kuss ?

Sollen wir der Liebe eine zweite Chance geben ?
Wer es nicht wagt, der wird das Schönste versäumen im Leben.

Die Liebe ist es wert, dass man auf sie baut.
Sie ist die Schönste von allen, wenn man es schafft und ihr immer und immer wieder vertraut.

Zu spät?

Mit verbissenem Ehrgeiz an der Karriere gebaut,
immer nur auf das Glück der anderen geschaut,

sich mit Lebenslügen aufrecht gehalten,
Kopf und Herz waren nie eins, haben uns nur immer mehr gespalten.

Jahr für Jahr schleppten wir uns dahin,
vermissten in allem, was wir taten, den höheren Sinn.

Du wolltest raus aus dem Hamsterrad.
Ich jedoch hörte leider nicht auf deinen Rat.

Dann bist du ausgestiegen, hast alles, was du hattest, auf die Liebe gesetzt.
Plötzlich war ich allein – es war zu spät. Was jetzt?

Jetzt bin ich bereit, tausche Gut und Geld.
Habe erkannt, die Liebe ist alles im Leben, was zählt.

Liebe – ich gebe dir alles, was willst du mehr?
Ich brauche und liebe dich doch so sehr.

Am Wasser bauen

Lass uns ganz nah am Waser bauen,
den Seerosen beim Blühen und den Enten beim Tauchen zuschauen,

die Fische um ihre Freiheit beneiden
und die unsere nicht mehr beschneiden,

den Fröschen beim Quaken zuhören,
das Gleichgewicht zwischen Frieden, Harmonie und Glück bewahren und nicht zerstören,

unser Herz von allem, was es schwer und traurig macht, befreien,
endlich fliegen lernen und uns nicht länger kasteien,

zu innerer Ruhe, Zufriedenheit und dem Sinn unseres Lebens finden,
all das kann nur in wahrer Liebe gründen.

Reine Magie

Lieben kann nur der, der mit dem Herzen denkt,

der alle schönen Gefühle dorthin lenkt,

wo sie hingehören und wo sie zuhause sind -
zu jedem Mann, zu jeder Frau, zu jedem Kind.

Gefühle - schöner als in jeder Phantasie -
stärkt man sie mit Licht und Liebe wird daraus bald schon reine Magie.

Mein schönstes Kleid

Heute ziehe ich mein schönstes Kleid aus Samt, Seide und silbernem Sternenglanz an.
Ich tue es für den Einen, den man so leicht verzaubern kann.

Unsere Leidenschaft braucht Phantasie, Feuer und Musik.
Atemlos und Hand in Hand fliegen wir von Kick zu Kick.

Lassen alles Schwere los, schenken uns den ersten Tanz,
spiegeln uns glücklich im Lichterglanz.

Wollen am liebsten nie mehr aufwachen aus unserem Traum – uns nicht mehr mit Sehnsucht quälen.
Dieser Traum gehört uns allein, niemand kann ihn uns stehlen.

Elfen im Mondschein

Heute nacht waren wir barfuss im Wald und durften Feen
und Elfen im Mondschein beim Tanzen zusehen.
Verzaubert vom federleichten Glück wollten wir nicht
mehr nach Hause gehen.

Wir legten uns ins warme Gras und liebten uns bis die
Sonne aufging,
spürten die wundersame Magie, die noch überall in der
Luft hing.

Liebten uns noch ein letztes Mal bei Sonnenaufgang,
dann trennten wir uns im Glück und ohne jeden Zwang.

Denn ganz sicher werden wir uns wieder sehen
und barfuss auf die Reise zu zauberhaften und geheimnis-
vollen Feen und Elfen gehen.

Traumtanz

Mein Lieblingstraum schenkt mir einen Tanz mit dir.
Ich aber will mehr als nur einen Tanz im Traum – ich will ein Wir!

Glaube fest an ein Happy End als Mann und Frau.
Soll ich es erzwingen? Ich weiss es nicht genau.

Denn wenn sich Phantasie und Sehnsucht berühren,
mag ich keinen klaren Geist garantieren.

Und so nähre ich Hoffnung und Vertrauen
mit Lichtern, die am Horizont bereits goldene Brücken für uns bauen.

Glauben ist oft leicht aber manchmal auch ziemlich schwer.
Ich weiss, meine Sehnsucht und ich trennen uns nicht mehr.

Wir bleiben wohl für immer zusammen, bis der Tod uns scheidet,
auch wenn meine Seele im Hier und Jetzt noch so leidet.

Champagner im Blut

Ich habe mein Leben getauscht,
will nicht mehr, dass es so inhaltsleer an mir vorüber rauscht.

Mein Leben, so wie ich es leben will, verharrt nicht im Leerlauf.

Ich fülle es mit Abenteuer, Glück, Freude und Lust.
Ich wähle Champagner statt träges Blut – erwartungsvolles Sehnen in der Brust.

Das ist mein Lebenselexier. Es wird aus Liebe gemacht.
Es schmeckt so gut und hält ewig jung. Wer hätte das gedacht?

Ekstase

Contenance war nie meine Philosophie.
Angepasst, still und passiv war ich nie.

Wollte immer nur ich selber sein.
Moral, Anstand und Sitte machten
mich schliesslich unbedeutend und klein.

Ich wurde wie alle – spürte mich selbst nicht mehr,
sehnte mich nach Freiheit, Raum, Ekstase und weitem
Meer.

Meine Jacke aus Zwang gemacht, passte mir nicht länger.
Sie wurde schwer und immer enger.

Mutig zog ich sie schließlich aus
und vergrub sie heimlich hinter meinem Haus.

Endlich bin ich frei, bin wieder ich,
spüre das Leben, die Liebe und mich.

Kleines Glück

Kleines Glück – bitte verzeih mir,
ich habe dich mit Füßen getreten, gehe nicht, bleib doch hier.

Ich träumte vom grossen Glück, wollte viel mehr,
als das Leben für mich vorgesehen hat
aber ohne dich ist plötzlich alles so trostlos und leer.

Jetzt irre ich ziellos zwischen Traum und Wirklichkeit umher,
brauche einen Notverband aus Hoffnung, Licht und Liebe, es schmerzt so sehr.

Du - kleines Glück - ich verspreche es, bekommst nun den Platz
den du verdienst, wirst mein größter Schatz.

Ich habe es endlich erkannt - das grosse Glück kann nicht entstehen ohne dich.
Es braucht dich genauso wie ich.

Verzeih mir – komm zurück und tröste mich.

Hingabe

Ich bleibe stehen, verharre, gebe mich dem Moment mit
allen Sinnen hin,
wenn alles um mich herum intensiv zu leuchten beginnt
und ich ein Teil vom grossen Ganzen bin,
dann macht der Kopf eine Pause – mein Herz kennt den
Sinn.

Ich geniesse meine Zeit,
Leerlauf fülle ich mit Achtsamkeit,
Hunger still ich mit Bescheidenheit,
Stress vertreibe ich mit Entdeckung der Langsamkeit,
Illusionen bekommen Platzverweis.

Ich schalte um von Wollen auf Sein,
fühle mich verbunden mit dem Leben und nicht mehr allein.

Hingabe bedeutet Vertrauen in die Unendlichkeit.
Höhere Instanzen führen und lenken uns – bis es heisst: „es
ist so weit".

Herz und Verstand

Wenn Melancholie sich mit Erkenntnis vermischt, das Herz mit dem Verstand kollidiert
und alles was mir wichtig erschien, von jetzt auf gleich explodiert,

dann wird es Zeit, dem Leben neue Farben und höheren Sinn zu schenken,
anstatt immer nur an das Ende, an Tod und Verderben zu denken.

Besser sich mit Frohsinn, Leichtigkeit und Liebe umgeben,
sonst heisst es zum Schluss: „Ich habe es nicht gelebt mein Leben".

Man lebt ja bekanntlich einmal nur
und leider hinterlässt nicht jeder eine Spur.

Schade für all die schöne Lebenszeit,
schöner, intensiver, bunter soll es werden – ich bin so weit.

Liebeswahn und Lebenslust

Wenn Liebeswahn aus Leidenschaft entsteht,

Gelassenheit dem Wahnsinn weicht,
dann hat die Lust am Leben wohl ihren Höhepunkt erreicht.

Liebesenergie wandelt sich in mystische Magie,
speist sich aus dem Zauber der Unendlichkeit,
denn dieser Zauber bleibt ewig, verändert sich nie.

Ich will vom Kuchen das grösste Stück,
ein Teil des grossen Ganzen sein.
Es ist möglich, weil von oben so vorgesehen – zum Glück.

Leuchtturm

Die Liebe soll mein Leuchtturm sein,

sie soll für alle leuchten, nicht nur für mich allein.

Die Liebe kennt den Weg ins Licht,
schenkt Halt, wenn alles um uns herum zusammenbricht.

Die Liebe gibt uns, was es nicht zu kaufen gibt,
schenkt Suchenden ein Zuhause - man ahnt, wie schön es sein kann, wenn man liebt.

Die Liebe verströmt sich, gibt mit vollen Händen, wärmt unser Herz,
lindert auf magische Weise so manchen quälenden Seelen-Schmerz.

Die Liebe ist unser Leuchtturm, die Essenz jeglichen Seins
sie stärkt jedes Herz - nicht nur meins.

Ewigkeit

Aus Vergänglichkeit wird Ewigkeit.
Hier und Jetzt sind morgen schon Vergangenheit.

Aus Worten werden Taten,
wir haben keine Zeit, worauf sollen wir noch warten?

Spuren, die wir hinterlassen haben,
verlieren sich, sind tief im Sand vergraben.

Wir sollten neue, tiefere hinterlassen,
uns abheben von bedeutungslosen Massen,

ein Leuchtturm für all jene sein,
die ihren Weg nicht finden, so ganz allein.

Silberne Schnur

Eine Schnur aus schimmerndem und glänzendem Licht,
bestehend aus Silber und einem „ich liebe dich",

verbindet dein Herz mit dem meinen,
wird immer stärker, sie fesselt uns, könnte man meinen -

aber nein, sie sorgt doch nur dafür, dass du bei mir bleibst und ich bei dir,
dass wir unseren Weg nicht aus den Augen verlieren und unser Glück behalten dürfen im Jetzt und Hier.

In jeder Krise halten wir uns fest an dieser silbernen Schnur,
denn sie hält uns besser zusammen als jeder längst vergessene Schwur,

sie allein kennt den Weg ins Licht, vergisst uns nicht,

verbindet unser Sein mit der Ewigkeit,
wir wissen, die Liebe allein ist der Schlüssel zur Glückseligkeit.

Neuanfang

Ich halte mich fest am Zauber des unbeständigen Augen-
blicks,
geniesse den Moment meines rosaroten Glücks.

Vergesse all die Stunden des Wartens und der Einsamkeit,
stelle die Uhr um auf Schnelligkeit.

Ich weiss, du bist auf dem Weg zu mir – es ist so weit,
mein Herz erreichte deines zur richtigen Zeit.

Wieder wagen wir es und fangen von vorne an,
weil niemand von uns beiden ohne den anderen leben kann.

Der Start durch neue Türen -
wohin wird er uns wohl diesmal führen?

Mit Glücksbausteinen bauen wir um unser Schloss aus Luft
neue Mauern,
feiern das Ende der Verzweiflung, hören auf zu trauern.

Besiegeln unser neues gläsernes Glück mit tausend neuen
Eiden -
wohl wissend – wer liebt, muss meistens zugleich auch
leiden.

Heiterkeit

Heiterkeit tanzt Hand in Hand mit Leichtigkeit,
zaubert flüchtige Glücksmomente – vorbei ist jede Traurigkeit.

Endlich erfindet sich das Leben neu,
und wir beschliessen, diesem bleiben wir nun für immer treu.

Leben intensiv und geniessen jeden Augenblick,
auf Scheitern, Traurigkeit und Einsamkeit blicken wir nicht mehr länger zurück,

erleben unsere eigenen Geschichten aus 1001 Nacht,
nicht ahnend, was das Schicksal irgendwann dann daraus macht.

Wir hüten unsere Liebe wie einen Schatz,
schenken ihr in unserem Herzen den schönstenPlatz.

Frühling

Die Sonne scheint mir ins Gesicht,
Blumen – mutig trauen sie sich aus ihrem erdigen Versteck,
strecken sich und schauen ins Licht.

Bienen summen, Vögel singen Hochzeitslieder,
alle spüren es, der Frühling ist nah und kommt bald schon wieder.

Fuchs und Hase machen sich bereit,
wissen, schon bald kommt ihre schönste Zeit.

Ich liege mit dir im warmen Gras und spüre diese Kraft,
die aus klirrender Kälte wohlige Wärme schafft.

Mag noch nicht nach Hause gehen,
will zusammen mit dir noch ein Weilchen die Sonne spüren und sehen,
was kann es Schöneres geben,
als in Frieden und Harmonie im Einklang mit der Natur zu leben.

Aus Traurigkeit wird Fröhlichkeit

Aus Traurigkeit wird Fröhlichkeit,
aus Einsamkeit wird Zweisamkeit.

Wenn die Gemeinsamkeit uns stark macht und glücklich
wenn du genauso verliebt bist wie ich,

sich der Schleier aus Verzweiflung und Mutlosigkeit
hebt und Platz macht für strahlendes Licht, dann ist es
wohl so weit,

wir haben ein Rendevousz mit der Ewigkeit.

Licht und Liebe ermuntern uns, dem Leben mehr Tiefe und
Farbe zu geben
so und nicht anders sollten wir alle leben.

Lebenskünstler

Der Lebenskünstler baut aus Stolpersteinen eine Himmels-
leiter,
er verharrt nicht im lähmenden Stillstand, sondern geht
immer weiter.

Lebt, wo und wie es ihm und nicht den anderen gefällt,
richtet sich ein auch in einer schwierigen Welt,

hebt einfach den Blick und schaut ins Licht -
jammern und wehklagen – das kennt man vom Lebens-
künstler nicht.

Auch an einer Reihe von schweren Tagen
wird er nicht verzagen,

sondern nur das Gute sehen
und seinen Weg ins Licht unbeirrt weitergehen.

Der Lebenskünstler gibt dem Glück ein Gesicht,
negativ denken, das kann er nicht.

Ein Lebenskünstler zeigt es uns ganz eindrucksvoll,
das Leben ist einzigartig und das Glas immer halbvoll.

Kapitulation

Aus Illusion wird Kapitulation,
aber Fallen und Liegenbleiben ist keine Option.

Alles was wir finden, können wir irgendwann auch wieder verlieren.
Alles was nicht zu ändern ist, läßt sich leichter ertragen,
wenn wir das akzeptieren.

Wenn wir mit dem Herzen denken, dann können wir es spüren:
Jeder Anfang ist reine Magie -
der Zauber einer neuen Liebe wird immer wieder neu geboren und stirbt einfach nie.

Himmelsleiter

Immer weiter, höher, schneller, mehr -
das Päckchen unerfüllbarer Ansprüche ist schon lange unerträglich schwer.

Wir sollten unser Leben befreien und mit Leichtigkeit leben,
lasst uns unser Sorgenpaket einfach nach oben abgeben,

denn dort weiss man am besten, was gut für uns ist.
Schade ist nur, dass dies so mancher von uns einfach vergisst.

Laßt uns eine Himmelsleiter aus Glück, schönen Gefühlen und Liebe bauen,
den Blick heben und höheren Mächten vertrauen.

Dann haben Angst, Kummer und Sorgen keine Chance mehr -
und nichts macht unser Leben länger so mühsam und schwer.

Liebe und Hass

Hass ist eine Bürde, eine Last, ein Schmerz,
Vergebung ist Befreiung und entlastet dein Herz.

Gebe dich dem Leben und der Liebe hin,
dann spürst du Heilung, findest höheren Sinn.

Lasse das Tal der Tränen hinter dir,
baue auf die Liebe – vertraue ihr.

Hass ist eisig und läßt dein Herz erfrieren,
Liebe ist warm und lässt das Glück explodieren.

Hass macht dein Leben krank und klein,
Liebe darf dein Leuchtturm und deine Rettung sein.

Hass blockiert und macht blind,
Liebe läßt uns wachsen und schützt unser inneres Kind.

Die Leere in mir

Die Leere in mir füllst nur du,
ich will zu dir, mein Herz gibt nicht eher Ruh,

will aus zwei eins machen,
mit dir über dieselben Sachen lachen,

will dich auf leisen Sohlen
zurück in mein Leben holen,

dich mit warmen Worten streicheln,
warte – es dauert nur noch ein Weilchen,

bis ich wieder bei dir bin,
zum Grund deiner Seele tauche, ganz tief in dir drin.

Stich ins Herz

Schon wieder in einer dunklen Sackgasse gelandet,
und wieder an einem Meer aus bitterer Enttäuschung gestrandet.

Ein Stich ins Herz -
wer kennt ihn nicht, diesen vernichtenden Schmerz!

Eine Faust im Magen,
all das muss man ertragen,

wenn man erkennen muss,
die Liebe sagt ade – es ist unwiderruflich Schluss.

Winterwald

Winter – es ist überall eisig und bitter kalt.
Auch die Bäume frieren im Wald.

Doch tapfer halten sie durch, bleiben stehen,
mag der Wind auch noch so stürmisch wehen,

sie klagen nie.
Ahnen, es kommen bald schon bessere Zeiten – und wissen,
wir brauchen sie.

Uraltes Wissen hilft, alles was man nicht ändern kann, zu
ertragen.
Und so warten sie stumm und klaglos auf eine Reihe von
schöneren Tagen.

Freun sich darauf, wenn wir sie schon bald wieder besu-
chen kommen, dabei lustige Lieder singen
und unsere Kinder zu Besuch mitbringen.

Wenn verliebte Pärchen Herzchen in ihre Haut gravieren,
und sie zusammen mit all den anderen Bäumen in ihren
neuen Kleidern aus grünem, glänzendem Laub den Wald
verzieren.

Alle wissen, nun ist endlich Frühling – alles glänzt wie neu.
Sogar die Rehe freuen und lieben sich, sind plötzlich gar
nicht mehr so scheu.

Warten

Worauf nur warten wir – vergeuden kostbare Zeit,
verharren im Stillstand, bis es heisst „es ist so weit“?

Warum warten wir darauf, dass die Zeit vergeht,
oder darauf, dass das Leben endlich leichter geht,

der Eine den Anderen besser versteht,
oder darauf, dass der Schmerz schnell wieder vergeht?

Was, wenn wir nicht länger darauf warten würden, dass
irgend etwas passiert,
was, wenn wir erkennen, dass nicht wir dem Leben gehor-
chen müssen, sondern dass vielmehr das Leben uns pariert?

Wenn wir keine wertvolle Zeit mehr vergeuden müssen,
uns hemmungsloser Lebensfreude hingeben dürften und
leidenschaftlichen Küssen.

Dann erst leben wir unser eigenes Leben
so wie es für uns von Anfang an geplant war und von Gott
gegeben.

Verliebt

Pst – ich verrate es nur dem Wind und dir:
ich bin verliebt – die Welt steht plötzlich still, gehört mir.

Ich sehe wieder Sinn und mich so wie ich eigentlich bin,
spüre reine Magie – denke nur noch an ihn.

Kann Farben leuchten sehen, das Gras wachsen hören,
war nie so glücklich, ich kann es schwören.

Liebesglück ist vom Paradies das größte Stück,
es lässt köstlichen Geschmack purer Lust, Freude und Leidenschaft zurück.

Wachs in meinen Händen

Wenn du Wachs in meinen Händen bist,

mir zeigst wie es ist,

wenn aus Lust und Leidenschaft

Magie entsteht, wie Liebe geht,

dann sehe ich, wie schön es ist, wenn man davon mehr versteht

und das Glück nun endlich bei mir bleibt und so schnell nicht wieder weg geht.

Ist das Leben fair?

Nicht immer ist das Leben fair.
Oft verhandle ich – will einfach mehr.

Will mehr als nur essen und trinken,
will in einem Meer aus Liebe, Lust und Leidenschaft versinken.

Die Zeit wird knapp - ich mag das nicht,
lieber lebe ich ein Leben in Leichtigkeit ohne belastendes Gewicht,

schöpfe gern aus vollen Quellen - besser jetzt als morgen,
schenke dem Wind alle meine Sorgen.

Was ich heute erleben kann,
danach muss ich mich morgen nicht mehr sehnen.

Mein jugendlicher Leichtsinn kehrt zurück – ich bin wie ich bin,
dieses Leben in Leichtigkeit schmeckt perfekt und macht für mich Sinn.

Der Zauber des Anfangs

Den Zauber des Anfangs immer wieder erleben,
wenn wir uns nach jedem Fall stolz wieder erheben,

wenn wir in jedem Scheitern eine neue Chance sehen,
neue Spuren setzen, wenn die alten verwehen,

dann können wir aus Erfahrung sagen,
wir können nichts gewinnen, wenn wir nicht immer wieder Neues wagen.

In der Krise zugleich ein göttliches Geschenk sehen,
hilft uns, nicht stehen zu bleiben, sondern immmer weiter vorwärts zu gehen.

Das Licht am Ende des Tunnels leuchtet für jeden, der es sehen will.
Es ist die Hoffnung, sie stirbt einfach nie - ist nur manchmal ein wenig zu leise und still.

Die Welt erleben

Lustig – wie tanzende Wäsche im Wind,
neugierig, wie Kinder nun mal sind,

sollten wir die Welt erleben,
ihr Raum für Leichtigkeit, Freude und die Liebe geben,

sie nicht länger als Ort für Kummer und Leiden sehen.
Heiter, Schritt für Schritt und Hand in Hand immer nur nach vorn zu sehen.

Das macht Freude und höheren Sinn.
Die Welt gehört uns,
sollten uns öfter fragen – „fühlen wir uns auch wohl darin?“

Die Deine

Wenn die Sonne es gut mit uns meint
und den ganzen Tag nur für uns scheint,

wenn die Spatzen von den Dächern pfeiffen,
ist das Glück ganz nah und fast zu greifen.

Wenn ich durch deine Augen bis auf den Grund deiner Seele sehen kann,
ist der Weg zur Glückseligkeit nicht mehr lang.

Ich kann dein Herz klopfen hören,
will die Deine sein und niemandem sonst gehören.